AF237257

WUNDERLAND

MEINER

PHANTASIE

Wundertütenpoet

VON

TINA HÜSCH

DIE MÖGLICHKEITEN
VON WUNDERWAHN UND POESIE

Bibliografische Information der Deutschen Nationalbibliothek: Die Deutsche Nationalbibliothek verzeichnet diese Publikation in der Deutschen Nationalbibliografie; detaillierte bibliografische Daten sind im Internet über dnb.dnb.de abrufbar.

ISBN: 9783752688849

Herstellung und Verlag: BoD – Books on Demand, Norderstedt

ABOUT ME

Krause Haare, krauser Sinn, mitten steckt ganz viel Poesie so tief in mir drin.

Ich liebe den Geruch von Zuckerwatte und gebrannten Mandeln mit lauter Tanzmusik.

Ich mag es, wenn der Wind versucht mir Frisuren zu zaubern und der Sand am Strand Burgen zwischen meinen Zehen baut.

Ich bin verrückt nach Geistesblitzen, die wie kleine Funken in mir glühen und einen Flächenbrand der Phantasie auslösen, so dass alle Probleme wie Seifenblasen zerplatzen.

Es begeistert mich immer wieder neu zu sehen, wenn Menschen lachen, und die Magie des Gefühls von geteilter Freude zu spüren.

Alles, was mich aus großen Augen anschaut und Fell, Federn oder Schuppen hat, erfreut mein Herz.

Die Möglichkeiten allen Seins faszinieren mich unendlich, so dass ich 100 Jahre alt werden möchte.

Meine Seele lacht, da Du gerade angefangen hast, mein Büchlein zu lesen, und mit mir ins Wunderland reist.

Komm mit und genieß Deine Freude. Ich habe uns schon einen Tee gemacht.

Viel Spaß bei der Magie der Vorstellungskraft

TINA

FÜR MEINER

SEELE

WUNDERLAND ...

Für alle die,

die über sich selbst lachen können

und die Fröhlichkeit im eigenen Sein suchen.

Für Dich,

weil Du schon so viel Freude

in Dir gefunden hast!

INHALT

EINBLICK, EINSICHT,

ERKENNTNIS ...

Je mehr ich mich auf meiner Lebensreise in meinem tiefsten Inneren
verlaufe, umso mehr komme ich in mein eigenes Wunderland.
Ich erkenne, dass alle Gedanken am Ende nur Gefühle sind
und dass Gefühle das sind, was wir Leben nennen.

Ich beobachte meine Gedanken beim Leben,
wie sie zwischen der Vorstellungskraft und der Willenskraft schweben.
Wie sie meine Gefühle machen und verschiedene Feuer in mir entfachen.
Ich habe gemerkt, dass alles, was man über die Kraft des Willens vollbringt,
einen auf Dauer ziemlich müde macht,
weil der pure Wille dem Selbst zu viel Mühe macht.

Und so bin ich maßlos glücklich darüber, erkannt zu haben,
dass alles, was man sich vorstellen kann, auch existieren wird.
Der Schlüssel liegt im Gefühl der Vorstellungskraft
und somit der Emotion des Moments.
Die Vergangenheit ist sowas von vergangen, dass sie, egal was wir tun,
nicht wiederkommen wird, und die Zukunft ist eine Melodie,
die wir weder sehen noch greifen können.

Doch gerade diese beiden – Vergangenheit & Zukunft – halten uns so oft von
dem ab, was das Leben wirklich ausmacht.

Das Glücklichsein im HIER und JETZT.
Die Zufriedenheit mit dem, was ist, und die Akzeptanz, aus allem das BESTE
zu machen.

Warum leben wir nicht mehr für den Moment und im Augenblick?
Warum können wir nicht genießen, was uns die Gegenwart bietet,
und hängen der Vergangenheit nach?
Warum freuen oder fürchten wir die Zukunft
und sehen nicht die Möglichkeiten des Moments?
Warum fangen wir das Glück, wenn es in uns tanzt,
nicht ein und drücken auf Dauerrepeat?

Alle Gefühle, die unser Selbst (das ICH), und Ich das EGO nennen,
sind hausgemacht.
Egal wie gut oder wie schlecht es einem geht,
es ist immer unsere Sichtweise auf die Dinge, die diese Gefühle verursacht.

Es können noch so wundervolle Dinge geschehen,
wenn unser Ego gerade in der Bock- oder Trauerphase ist,
werden wir diese nicht erkennen können und traurig oder verwackelt sein,
weil unsere Gedanken finsteren Mustern nachlaufen,
anstatt sich an der Fröhlichkeit zu besaufen.

Doch es können auch Dinge geschehen,
die unsere Seele traurig machen,
aber unser Ego ist positiv gelaunt und sucht nach dem Schönen,
will das Negative nicht sehen, ändert die Sichtweise
und somit das Gefühl des eigenen Selbst.

So dass es vielleicht sogar Dank empfinden kann – unser Ego –
für das Geschehene, da ihm die Augen geöffnet wurden,
und so sind da nur schöne Gefühle … obwohl Trauriges passierte.

Es ist alles immer unsere Sichtweise auf die Dinge, die unsere Laune macht,
es sind nicht die Dinge und Umstände, die die Sichtweise hervorbringen,
sondern die Einstellung unseres Egos, was es daraus zu machen gedenkt.

Da mein Ego lachen, tanzen und träumen liebt,
hat es sich auf seine unsichtbare Fahne geschrieben,
dass jeder Tag eine Reise ins Wunderland werden soll.

Das bedeutet, dass ich die Schönheit in allen Dingen sehen möchte
und die Chancen, die gerade in unschönen Situationen liegen,
um so alle Möglichkeiten des „Spiels des Lebens" zu nutzen!

Die eigentlich großen Wunder liegen in den kleinen Dingen
und im Zauber des Augenblicks.
Lass uns uns auf Glücklichsein programmieren,
indem wir uns über die schönen Dinge freuen
und allem Negativen versuchen keine Beachtung
und somit Energie zu schenken,
da die Energie unserer Aufmerksamkeit folgt.
Und da, wo unsere Aufmerksamkeit ist, sind unsere Gedanken,
und da, wo unsere Gedanken sind, sind unsere Gefühle und Emotionen.

Schönheit, Freude, Positivität, Lachen sind magnetisch,
je mehr wir von ihnen empfinden,
desto mehr von ihnen ziehen wir auch an.

Es ist also die Freude, die,
wenn sie in uns Heimat gefunden hat,
ihren Freunden der Positivität die Türe öffnet,
damit immer mehr Schönes in unser Leben gelangen kann,
und alles, was wir dafür tun müssen, ist,
das Gute zu verstärken
und dem Negativen keine Aufmerksamkeit zu schenken,
so kommt das Glück von ganz allein.

Auf diese Weise werden wir unser eigenes Wunderland finden.

Einen Ort tief in uns drin,
wo immer die Sonne scheint,
im Süden unseres Herzens.

Wenn man vom Positiven ausgeht und annimmt,
es wäre schon geschehen und zur Realität geworden,
so, wie man es sich gewünscht hat,
wird man erfüllt von einem wunderschönen Gefühl der Dankbarkeit;
dieses Gefühl gilt es am Leben zu erhalten.

Und genauso wie sich dieses positive Gefühl in uns ausbreitet,
genauso verschönert sich unser Leben von Tag zu Tag mit jeder Stunde,
wo wir das Lachen der Welt empfinden und das Glück in unserem
Inneren Purzelbäume schlägt.

Denn dieses **Wunderland** da in mir drin, das gibt allem einen Sinn!

W - ahnsinn
U - mwerfend
N - euland
D - asein
E - igenleben
R - egenbogen
L - agerfeuerromantik
A - benteuer
N - arretei
D - azugehören

Wenn man mit genügend **Wahnsinn** und einer Intuition, die **umwerfend** ist, ausgestattet wurde, findet man das **Neuland** in seinem **Dasein**.
Das **Eigenleben** wird zum eigenen Leben mit **Regenbogen** und **Lagerfeuerromantik**.
So kehrt das **Abenteuer** der **Narretei** ein und man darf endlich **dazugehören** zum Glück.

Zu wissen, dass man das Leben und die Gefühle selbst in der Hand hat,
das verleiht einem Flügel,
so dass im Inneren die Ideen einfallen und man alles, was man möchte,
auch selbst erträumen und somit erreichen kann.
Denn wie sagt man so schön: „Man kann sein, was man möchte,
wenn man ist, wie man will, und weiß,
dass das Wunderland tief in einem schläft, man muss es nur wecken!"

Komm mit und erlebe den Wahnsinn meiner verrückten Poesie, lass uns das Wunderland finden!

ODE AN MEIN WUNDERLAND!

Weißt Du, wo die Glücke wohnen?
Und der Frohsinn schallend lacht?
Da, wo tausend Freuden toben,
und das morgens schon um acht?
Wo das Land in meinem Herzen,
keine Grenzen ziehen mag.
Wo das Leuchten in den Augen
flackert auch am lichten Tag!
Da, wo meine Geister tanzen,
freudestrahlend Ringelrein.
Da, wo meine Muse purzelt
in dem hellen Sonnenschein.
Dort, wo mein Lachen niemals enden mag,
dort, wo meine Seele Danke sagt.
Wo alle Begeisterung voll Behagen
die Belustigung verführt.
Da, wo große Träume wagen,
Sorgen wie Seifenblasen zu zerschlagen.
Da so tief, wo es in mir schlief, habe ich es erkannt:
MEIN WUNDERLAND!

Ich freue mich sehr, Dich mitnehmen zu dürfen in dieses wundervolle Land.
Lass Dich von meiner verrückt-wahnsinnigen Poesie verzücken
und folge den Gedichten. Sie zeigen Dir den Weg
zum Raum aller Möglichkeiten, dann hast Du nur noch die Qual der Wahl,
für welches Glückswunder Du Dich entscheidest!

KOMM UND LASS UNS FRÖHLICH SEIN
IM HELLEN WUNDERSONNENSCHEIN!

ERSTER STREICH ...

Auf dem Weg in **Meines Herzens Wunderland**
werde ich zum **Vollkommenheitsträumer** ohne jegliche **Marotte.**

Meines Wahnsinns Sinn weiß, dass **Irgendwo im Glück** unter
Regenbogenfarben kleine **Wunderworte** schlafen,
die mein **Schelm** nur finden muss.

So entdecke ich es, das **Wunderland in mir, Wenn ich lache,**
und weiß, man muss **Aus Elefanten Mücken machen,**
dann geht er ganz schnell vorbei, der **Einheitsbrei,**
und **Einfach nur Glück** bleibt für meinen **Seelenzucker** zurück!

MEINES HERZENS

WUNDERLAND

In meines Herzens Wunderland,

da habe ich mich ganz verrannt.

Bin von den Wundern wie gebannt,

hatte ich sie doch vorher nie erkannt,

denn ich war vor meinem Selbst zu oft nur

weggerannt,

immer tiefer in mein Wunderland.

VOLLKOMMENHEITS-
TRÄUMER

Heute ist der Tag,
an dem mein Vollkommenheitsträumer
dem Windpoeten in meines Herzens tiefem Süden
die Leviten leise liest.
Auf dass in meiner Zweigroschenbude
ein lautes Lachen überfließt!
Kein Zwietrachtsfunke mehr sprießt,
so dass mein Schelmenzukunftsberater über alle
Stränge schießt
und mein Narrenzeitvertreib hummelwitzig sich
verneigt
vor meiner bübisch-mädchenhaften Art,
die auf alle Bienensorgen Brausebeutel schmeißt,
so dass das Donnerwettermännchen sich jegliche
Aussage verkneift!

23

24

MAROTTE

Meine Marotte
ist eine Wunschvorstellung in meines Herzens
Kopfkino.
Ohne Erhellung und ohne Zwangsvorstellung
ist sie eine Manie
für das große WIE!
Ein Phantasiegebilde meiner Fiktion,
nur mein Geist, der kennt das schon!
Ein Spleen, der seinen Tick verliert,
bevor die Einbildung vibriert.
Eine fixe Idee, die ´nen Fimmel hat.
Ein Geistesblitz mit Schrullen-Gag.
Ich hoffe,
meine Verrücktheit geht nie weg!

MEINES WAHNSINNS SINN

Spleenig ist mein Sinn,
doch originell!
Bizarr und eigenartig,
doch niemals eingeschnappt zu schnell!
Ausgefallen, närrisch bunt,
lacht er sich stets kugelrund …

26

IRGENDWO IM GLÜCK

Ein Ort,
wo die Zeit stillsteht.
Ein Ort,
wo alles Schöne nie vergeht.
Ein Lachen,
das nach Sonne schmeckt,
wenn es das Leuchten in den Augen weckt.
Ein Brauseschmetterlingsgefühl
mitten in des Bauchs Gewühl.
Ein Purzelregenbogenstreich
ohne Glitzerherzvergleich.
Ein Kuss,
der nach Schokolade schmeckt,
bevor er sich vor mir versteckt.
Oh, dieser Ort so in mir drin,
ich liebe IHN,
er gibt mir SINN!

REGENBOGENFARBEN

Himmelblau und Sonnengelb,
Hoffnungsgrün und Liebesrot,
Unschuldsweiß und Einhornrosa
stehe ich einfach so DA!
Warte auf ´nen Seelentraum,
unter meinem Seelenbaum,
verschaffe meinem Gedanken Raum
und glaube es SELBST kaum!

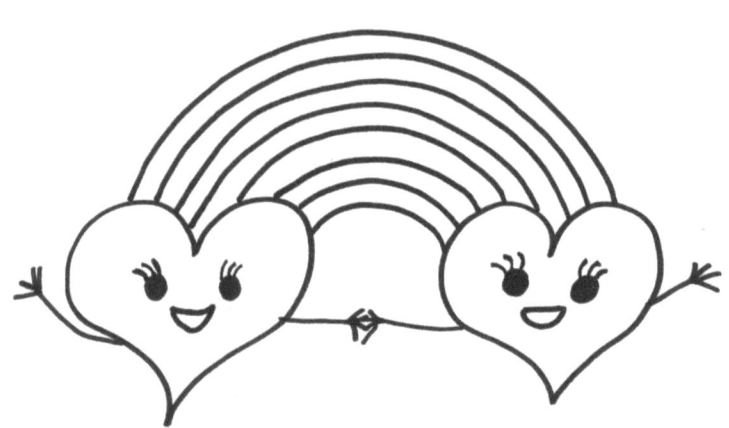

WUNDERWORTE

Wunderworte können fliegen,
Wunderworte werden siegen,
Wunderworte werden biegen
alle Last der Welt entzwei.
Wunderworte werden heilen,
Wunderworte werden zu Zeilen,
Wunderworte werden verweilen,
wenn du sie brauchst zum Teilen!

SCHELM

Dieser Schelmenbrief ist für dich,
von mir als Schelmenfabrikant geschrieben,
in schelmenhaften Farben, die alle Worte wiegen,
als wären sie TÜV-geprüft!
Meinem Schelmensinn entsprungen,
aus des Schelmenspielers Feder,
in die Schelmensprache eingedrungen,
geben die Buchstaben meine Flausen wieder.
Mein Schelmenmeisterstück
wird dieses Schelmenschreiberstück!
Ein Schelmenwerk für die Schelmenzunft.
So werbe ich um der Freude Gunst
der Schelmenzukunftsberater.
Denn diese kleine Schelmerei,
ist schelmenhaft gar schnell vorbei.
Und schelmisch singt mein Schelmenglück
des Schelmen Lieblingslieder – immer wieder!

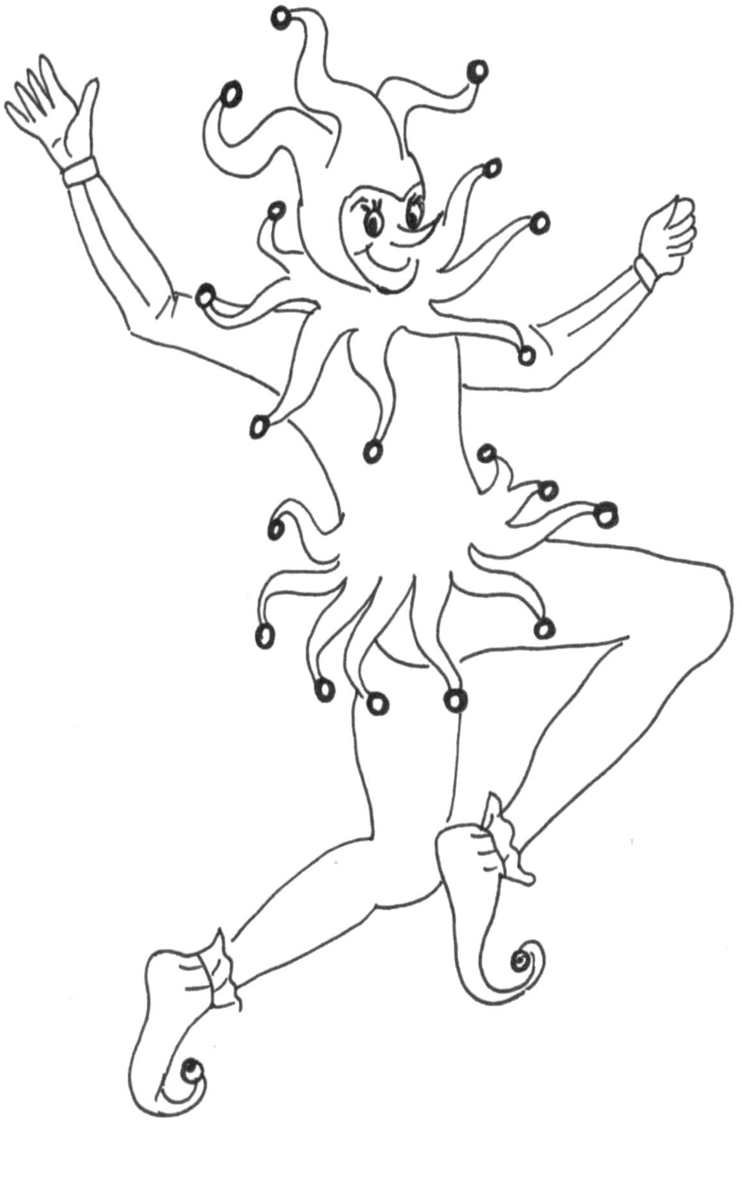

31

32

WUNDERLAND IN MIR

Da gibt's ein Wunderland in mir,
ein Märchenland, ich sag es dir!
Ein Schlaraffenland,
mein Paradies,
ein Zauberland, in dem alles fließt!
Ein Eldorado meines Herzens,
ein Traumland voll mit wilden Scherzen.
Ein Land, wo Milch und Honig fließt
und niemand Tränen vergießt!
In dies Elysium lad' ich dich ein,
ganz viel große Freude zu teilen!
Dann ist der Garten Eden hier,
zwischen dir und mir
und mir und dir,
im Jetzt und HIER!

WENN ICH LACHE

Wenn ich lache,
leuchten die Sterne und der Mond
und all die Fröhlichkeit,
die in mir wohnt.
Wenn ich lache, dann leuchtet das Meer
und alle Freude kommt überall her!
Wenn ich lache, dann ist all der Krieg vorbei
und jede Seele fühlt sich frei!

AUS ELEFANTEN

MÜCKEN MACHEN

Die Welt gehört denen, die lachen,
denen, die tanzen
und aus Elefanten Mücken machen.
Jenen, die nach den Sternen greifen
und das Leuchten in den Augen der anderen sehen.
Jenen, die reden, statt zu schweigen.
Denen, die Buntmalerei betreiben!

EINHEITSBREI

In meinen Goldkäfercowboystiefeln
bin ich ein Glücksguckindieluftkind,
das sich immer gerne auf die blaue Himmelsleichtigkeit besinnt.
Bei jedem Regenbadetag, ich mich als Regenbogen wag.
Schönheitslusttrunken in eine Schönmädchenstimmung
am Himmel versunken.
Spieldosenzart und kunterbunt mach ich mir das Leben hummelrund.
Mein Zaubertau der Wortschönheit ist plaudersam zu mehr bereit.
Mit Hutvergnügen und Leckerkram
fängt er monddurchschimmert von vorne an.
Glanz berauscht Gemütsvergnügen,
klimpernd in der Flimmerstille
meiner Freudenschwärmerei,
als wäre es der größte Wille
und ich Gott sei Dank kein Einheitsbrei!

EINFACH NUR GLÜCK

Wenn mein Glück Kekse wären,
dann hätten sie Schokostücke.
Wenn mein Glück der Himmel wäre,
dann hätte er weiße Schäfchenwolken.
Wenn mein Glück ein Wochentag wäre,
dann wäre es ein Sonntag.
Wenn man Glück fühlen könnte,
dann wäre es aus Samt.
Wenn ich Glück schmecken könnte,
dann wäre es aus Schokolade.
Wenn ich Glück hören könnte,
wäre es mein Lieblingslied.
Wenn ich ein Bild vom Glück malen könnte,
würde ich die buntesten Farben nehmen
und sie an alle Wände pinseln,
so dass alles kunterbunt würde.
Überall wären Kekskrümel aus Schokoladenflocken,
die an einem Sommersonntag die samtigen
Schäfchenwolken zu einem Tanz mit meiner Seele einladen, und
die Ewigkeit spielt mein Lieblingslied.

SEELENZUCKER

Zucker meine Seele süß,
schenke mir dein Lachen,
lass uns verrückte Sachen machen.
Träume zaubern, groß und wild,
so dass niemals die Sehnsucht wird gestillt.
Freude haben, Freude teilen
und im Geiste stets verweilen.
In des Glückes Arme sinken,
sich am Übermut des anderen stets betrinken.
Frohsinn haben,
Frohsinn machen,
so dass jeder jeden bringt zum Lachen!

39

ERKENNTNISSE DES ERSTEN STREICHS ...

IST es nicht wundervoll, zu sein?
Mitten auf dem Weg ins Glück hinein?
Drum nimm den Stift, ganz wild
und frei und sei mit ein paar wunderbaren Zeilen dabei!

. . . .
. . . .
. . . .
. . . .
. . . .
. . . .
. . . .
. . . .
. . . .
. . . .
. . . .
. . . .
. . . .
. . . .
. . . .
. . . .
. . . .
. . . .

41

42

ZWEITER STREICH ...

Jetzt sind wir beide mit einer Tasse Tee im Wunderland der Phantasie.
Die Augen leuchten und das Herz lacht, so wird jeder Kummer wettgemacht.
Komm, lass uns lustig weiterrennen
und den Sinn des Lebens in den kleinen Dingen erkennen.

ÜBERALL AM WEGESRAND SITZEN MEINE GEDICHTE UND SIND SCHON
GANZ GESPANNT, VON DIR GELESEN ZU WERDEN ...

Mein Leben gleicht einer **Traumreise** im **Einhornsonnenschein**.
Da gibt es in mir so viel **Fröhlichkeit** und **Gute Laune**,
alles ist **Kunterbunt** mit einem **Geheimabkommen**.
Das **Mädchen** in mir möchte für seinen **Herzzirkus Pferde stehlen**,
damit der **Lebenstraum** ein **Lebensmärchen** werden kann.

TRAUMREISE

Ich liebe die Sterne,
die Sonne und das Meer.
Ich bin unterwegs auf meiner Reise
und mache aus meinen Träumen noch viel mehr.
Ich schwebe auf den Wolken
und höre das Lachen in der Luft
und wie jede kleine Sorge im Sonnenschein verpufft!
Ich sehe meine Wünsche, sie fliegen hoch und schauen weit.
Unterwegs auf meiner Reise,
bleibt mir noch viel Zeit
bis in die Unendlichkeit.

EINHORNSONNENSCHEIN

Regenbogenglitzer im Einhornsonnenschein
gibt meiner kleinen Fee ein lustiges Dasein.
Wenn alle Verrücktheit wüsste,
sie wäre nur allein mein.
Dann wären meine Flausen dein,
um überall zu sein
im Regenbogenglitzereinhornsonnenschein.

DA GIBT ES IN MIR ...

Ich such in mir
nach dir,
doch in mir
ist nur ein Ich,
das mich leise fragt:
„Kennst du mich nicht?"
Da gibt es so viel Freude,
da gibt es so viel Leid,
da gibt es so viel Lachen,
da gibt es so viel Zeit,
da gibt es so viel Weite,
da gibt es so viel Licht,
da gibt es so viel Sonne,
die sich in meinem Seelenmeer bricht.

FRÖHLICHKEIT

Des Himmels Blau im tiefsten Sinn
ein Karussell des Lachens,
so ergibt sich mancher Sinn,
hinterm Späße machen.
Dort, wo der Scherz zu Hause ist,
der Spaß die Freude nie vergisst.
Die Fröhlichkeit die Muse küsst
und die Glückseligkeit sich nie vergisst.
Dort will ich fröhlich lachen
und mir viele Freuden machen.

GUTE LAUNE

Wenn meine Gedichte Funken wären,
würden sie die Freude in dir entzünden
und somit einen Flächenbrand der guten Laune auslösen.

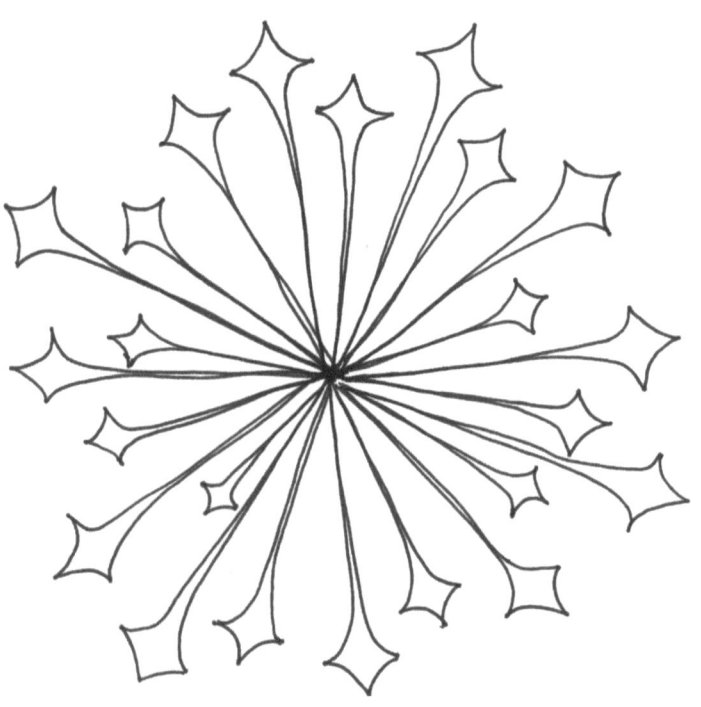

KUNTERBUNT

Bunt ist meine Lieblingsfarbe!
Grau die Farbe von Angst und Bang.
Darum trage ich den Regenbogen spazieren
und will niemals konkurrieren mit der grauen Eminenz,
die in Angst und Schrecken sitzt
und sich kleinlaut Apfelspalten schnitzt,
um ein paar Vitamine willen,
damit das Grau sie wird nicht killen.
Und ich lach in meinem BUNT
mir die Seele kugelrund
Und denke:
Na und!!!

GEHEIMABKOMMEN

Im Geheimabkommen meines Seins
bin ich der Geheimagent meiner Seele.
Der das Geheimarchiv kennt
und jeden Geheimbericht benennt.
Im Geheimauftrag des Seins
bin ich der Geheimbote für meins!
Mein Gefühl, mein Gewissen,
meine Liebe, meine Freud.
Der Geheimdienst darf es aber nicht wissen,
ist er doch für das,
was reut und scheut.
Im Geheimgang,
im Geheimgeist,
im geheimen Kämmerlein
habe ich mein Geheimleben
und ein lustig leichtes Streben für Geheimkunst mir erstellt.
Geheimnislust und Gaukelei sind immer vorne mit dabei,
wenn die Geheimlehre das Wort ergreift
und auf ihren Fingern pfeift.
Kommt der Geheimgeist,
er bringt mich ins Wunderland.
Wo die Geheimnistuerei für jeden das Normalste ist,
was es auch sei.

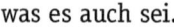

50

MÄDCHEN

Wer bin ich?

Ein Landmädchen, dort, wo ich wohn …

Ein Tanzmädchen, wo meine Seele lacht …

Ein Wintermädchen, weil da geboren …

Ein Naturmädchen, weil es Freude macht …

Ein Herzensmädchen, weil so viel Gefühl …

Ein Animiermädchen im bunten Gewühl …

Ein Engelsmädchen in der Geduld …

Ein Heldenmädchen für die Huld …

Ein Prachtmädchen im stillen Kampf …

Ein Räubermädchen mit ganz viel Dampf …

Ein Schelmenmädchen mit viel Phantasie …

Ein Schwanenmädchen mit Brot für's Federvieh …

Ein Seelenmädchen in der Welt …

Ein Wundermädchen, dem das Spiel des Lebens gefällt …

Ein Traummädchen, für das alles in Erfüllung geht …

Ein Zaubermädchen, was niemals stille steht.

… auf dass mein Gedicht nie vergeht!

HERZZIRKUS

Meines Herzens Zirkus
ist ein großer Tanzpalast,
in dem mein wilder Geist
keinen Tanz verpasst.
Will Sperenzchen treiben
und nicht nur seine Zeit verweilen.
Will das Larifari leben
und den schönsten Irrwitz weben.
Will schweben,
durch des Humbugs Schloss,
reiten auf des Wahnsinns Ross!

PFERDE STEHLEN

Komm, lass uns durchbrennen,
Pferde stehlen!
Und mit ihnen uns verrennen
in dem blauen Seelengrün,
so dass des Tages Träume blühn
in rosaroten Einhorn-Farben,
die unseren Wünschen Worte sagen,
ohne das Grau der Angst zu fragen.
So werden wir fliegen,
ohne uns zu verbiegen, und lachen
und ganz verrückte Sachen machen
auf dem Weg ins Wunderland.

55

LEBENSTRAUM

Alles, was du erträumen kannst,
all das kannst du auch leben.
Durch dein Leben schweben,
aus den schönsten Tagen
neue Träume weben
und das alles erleben,
so ist es eben mit dem Leben!

LEBENSMÄRCHEN

Heute brauch ich was mit Watschelente,
Rumpelstilzchen und Purzelbaum,
sowas wie einen wachen, tief schlafenden Traum.
Ein hungriges Essen vom vielen Fressen.
Einen mucksmäuschenstillen Schrei.
Ein weinend frohes Glücksgelache.
Einen Lulatsch,
der mir als Kaulquappe dienen will,
mit viel rauem Feingefühl.
Ein Klatschmaul, das sich schweigend überpurzelt
und mich holt nach Wolkenkuckucksheim.
Wo die Angst das Bimbam schürt,
was zu viel Blubberwasser führt,
und das Hüftgold Yoga macht,
bis es mitten in der Nacht, splitterfasernackt um 0.00 Uhr
den Geistern muss verkasematuckeln,
dass sie müssen Feuer spucken.
Nein, ich bin nicht ganz von Sinnen,
meine Kreativität muss nur ein bisschen spinnen!

ERKENNTNISSE DES ZWEITEN STREICHS ...

DIESE beiden weißen Blättchen Papier sind ganz allein Dir!
Für Deiner Kreativität so wilden Sinn,
mitten in Deinem Wunderland tief drin.

. . . .
. . . .
. . . .
. . . .
. . . .
. . . .
. . . .
. . . .
. . . .
. . . .
. . . .
. . . .
. . . .
. . . .
. . . .
. . . .
. . . .
. . . .
. . . .
. . . .
. . . .
. . . .

58

. . . .
. . . .
. . . .
. . . .
. . . .
. . . .
. . . .
. . . .
. . . .
. . . .
. . . .
. . . .
. . . .
. . . .
. . . .
. . . .
. . . .
. . . .
. . . .
. . . .
. . . .
. . . .

60

DRITTER STREICH ...

So tanzen wir beide durchs Wunderland
und sind schon ganz gespannt auf das, was es mit uns macht,
so in der nächsten langen Nacht,
wenn die Träume früh aufstehen
und dann mit uns schnell schlafen gehen.

Wir werden erkennen, dass alle Sorgen gehen vorbei,
lässt man sie nur endlich frei.

ZU DIESER DEINER NEUEN SICHT
KOMMEN WEITERE GEDICHTE NUR FÜR DICH ...

Benommen im **Ideenschlaftraum** muss ich feststellen,
dass es **Falschmeldungen** über verrückte **Familienbande** gibt,
die sich **Entzückt, verrückt** vor **Unvernunft** und **Schizophrenie** von
ihrer **Einbildung** geleitet zum **Faxentreffen** gesellen,
um bei **Herztauwetter** einen **Ideen-Gedanke**n zu spinnen.

IDEENSCHLAFTRAUM

Kuschelblaue Schlafanzüge
räkeln sich verträumt in rot-weiß getupften Decken
und necken die Gedanken, bis
diese zu träumen anfangen,
die verrückten Ideen wecken
und sich nach immer neuen Wünschen recken
und allen Sorgen ihre Zähnchen blecken,
bis diese dann an ihrer eignen Trübsal verrecken.
Komm, lass uns ein bisschen necken.

63

FALSCHMELDUNGEN

Wenn Hirngespinste
Falschmeldungen des Herzens sind,
gehorcht man ihnen dennoch blind?
Oder soll das Schauspiel leben
in meiner Seele Märchengrund,
wo die Dichtung wird erzählen,
vom Poesienwunderrund.
Eine Konstruktion der Utopie
gelingt so selten oder nie!
Wenn mit ganz viel Seemannsgarn
der Schwindel seine Märchen spann.
Kommt aus der Räuberpistole geschossen,
des Münchhausens Gaukelbild
und erfindet mit Gefunkel,
meines Seins Ebenbild!

FAMILIENBANDE

Missgunst ist des Teufels Tochter,
Hass der Sohn des Luzifer.
Zusammen haben sie 1000 Laster
und ihre Seelen tragen schwer.
Sie brauchen große bunte Pflaster
für ihr großes Seelenleer.
Doch aller Welten Zaster bringt ihnen kein Lachen mehr.
So leben sie in stumpfen Menschen
und haben keinen Lebensplan,
als den der anderen zu beschämen,
die des Himmels Freude sahen.

ENTZÜCKT, VERRÜCKT

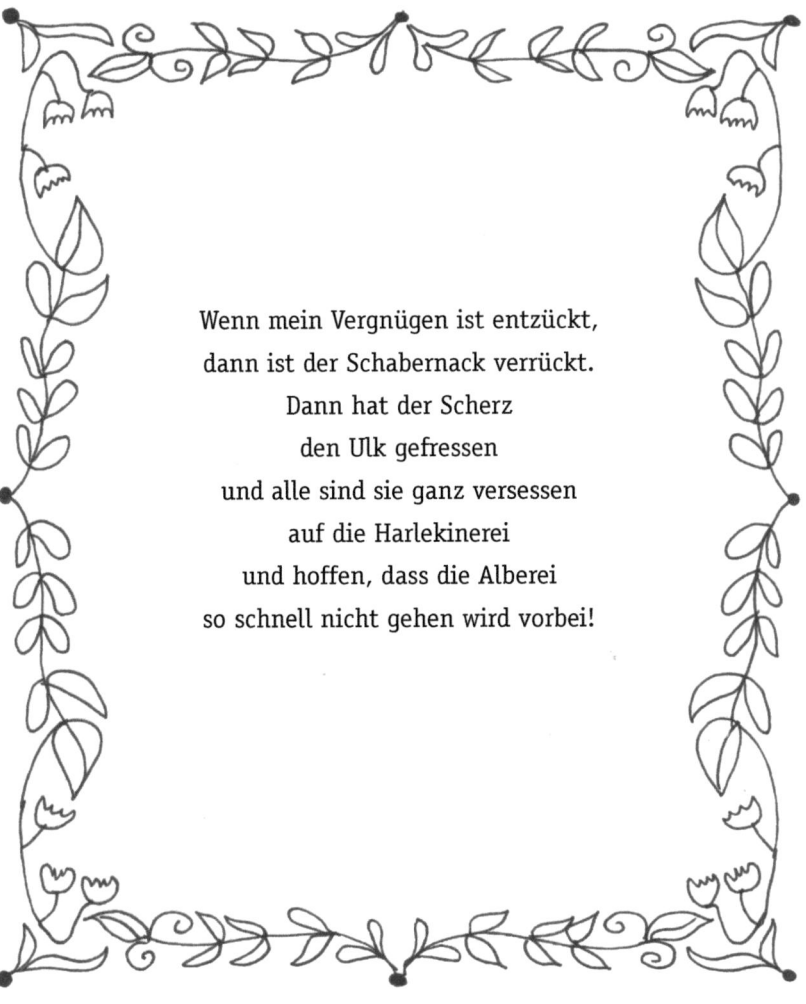

Wenn mein Vergnügen ist entzückt,
dann ist der Schabernack verrückt.
Dann hat der Scherz
den Ulk gefressen
und alle sind sie ganz versessen
auf die Harlekinerei
und hoffen, dass die Alberei
so schnell nicht gehen wird vorbei!

UNVERNUNFT

Wenn meine Unvernunft
wieder nur Quatsch macht,
dann hat das Teufelchen in mir gelacht.
Ferner hat der Unsinn die Absurdität vergessen
und keiner ist mehr versessen
auf einen negativen Gestirnenstand,
dann sind in stiller Zeit alle miteinander verwandt.
Und der Wahnwitz schlägt Kapriolen,
will der Trauer den Hintern versohlen,
bei allen Faxen und der Narretei,
geht die Idiotie niemals vorbei!

SCHIZOPHRENIE

Hast du schon einmal darüber nachgedacht,
dass das Glück schizophrene Züge hat?
Nie ist es sich auf Dauer gut genug,
immer ist das Gras der anderen Seite grüner.
Es ist ruhelos, es ist gehetzt,
getrieben von Gier und verfolgt von Angst.
Und dabei wäre es so einfach
in jedem Lachen, was einem begegnet,
das Glück zu sehen.

EINBILDUNG

Da ist sie,
meines SEINs Geschichte,
einer Einbildung gar gleich.
Ganz ohne böse Wichte, eine Mär
der Fröhlichkeit.
Eine Erzählung, in der Gefühle reden,
eine Fabel der schönsten Poesie,
eine reine Erfindung meiner Phantasie.
Kein Ammenmärchen,
keine Lügengeschichte,
nur die Legende meines Seins!
Wie wäre es, wenn sie dir all die Freude brächte,
die du brauchst zum Glücklichsein?

FAXENTREFFEN

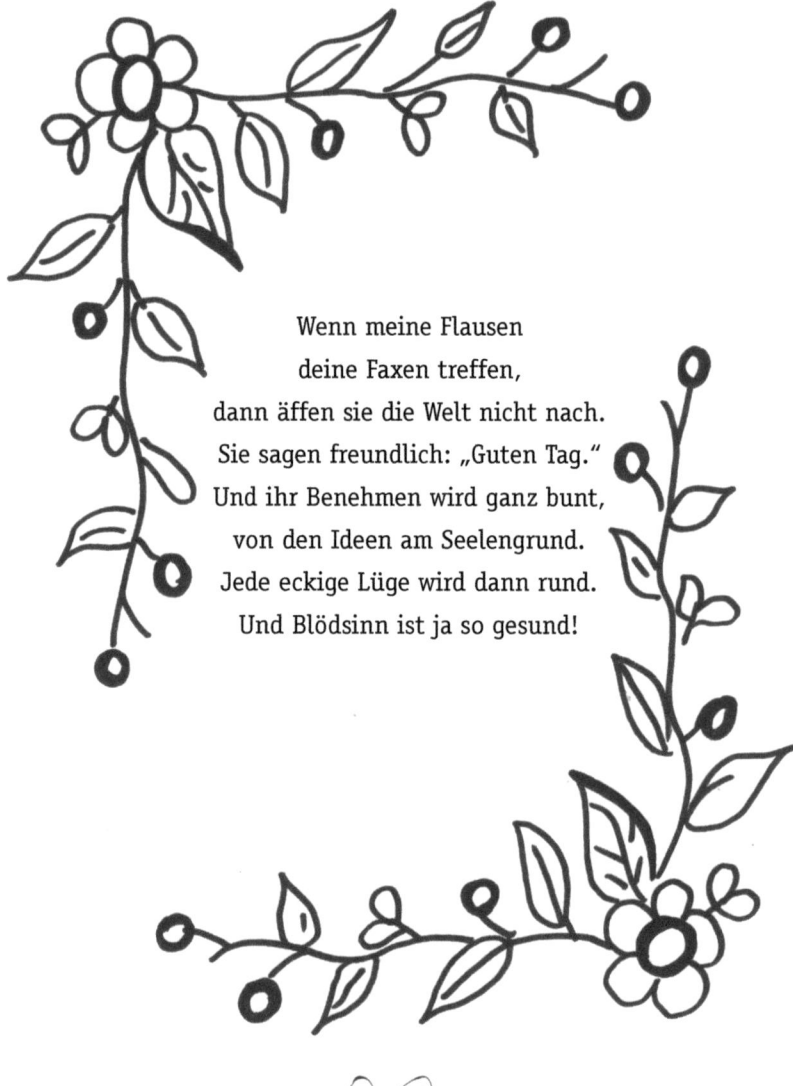

Wenn meine Flausen
deine Faxen treffen,
dann äffen sie die Welt nicht nach.
Sie sagen freundlich: „Guten Tag."
Und ihr Benehmen wird ganz bunt,
von den Ideen am Seelengrund.
Jede eckige Lüge wird dann rund.
Und Blödsinn ist ja so gesund!

HERZTAUWETTER

In meiner Augen Frage stellt sich ein Herztauwetter ein,
sind meine Brausejahre
wirklich des Himmels Sonnenschein?
Und die Wolken ziehen leise durch meiner Seele Zeit,
machen für Ideenschwärmer alle Tore weit.
Geschmücklichkeiten glitzern laut,
viele Seifenblasen sind des Wahnsinns liebste Braut
auf dem rosa Seelenrasen.
So werde ich zum Vollkommenheitsträumer,
der der Zeit die Neinsilbigkeit raubt.
Ach, was sind mir des Lebens Weisen alle so vertraut.

IDEEN-GEDANKE

Da war er, der Ideen-Gedanke.
Ein Impuls der Eingebung.
Ein Einfall, ein Bild
in mir, so wild.
Nur ein Modell,
es geht so schnell.
Ein Funken, der am Brennen ist,
auf dass man ihn nie mehr vergisst.
Ein Ideal in der Erkenntnis,
eine Erleuchtung für den Sinn,
eine Anschauung in mir, so klein,
und wird doch meiner Vorstellung Leitbild sein.
So viel Intuition in meiner Inspiration,
wer glaubt das schon?
Ein riesengroßer Einfallssee,
für meine kleine Schnapsidee!

ERKENNTNISSE DES DRITTEN STREICHS ...

WIE ist es jetzt so tief in Dir drin?

Geben meine Worte für Dein Herz einen Sinn?

Schreib ihn schnell auf, denn ich glaube, wir beide haben einen Lauf.

So hört das Wunderland des Lebens niemals auf!

. . . .
. . . .
. . . .
. . . .
. . . .
. . . .
. . . .
. . . .
. . . .
. . . .
. . . .
. . . .
. . . .
. . . .
. . . .
. . . .
. . . .
. . . .
. . . .

. . . .
. . . .
. . . .
. . . .
. . . .
. . . .
. . . .
. . . .
. . . .
. . . .
. . . .
. . . .
. . . .
. . . .
. . . .
. . . .
. . . .
. . . .
. . . .
. . . .
. . . .
. . . .

VIERTER STREICH ...

Ist es nicht ein irrsinniges Gefühl, verstehen zu dürfen, dass das Wunderland so nah ist ...

Wenn man sich nur selbst vergisst, das Ego mal kurz schlafen schickt, auf dass es keinen Schrecken kriegt.

Wenn man erkennt, dass man sich durch Ärger selbst verrennt und dass Neid nur hässlich macht

und man mit Sorgen nicht richtig lacht.

AUS DIESEM GRUND FINDEN AUCH MEINE LETZTEN SPASS-WUNDERWORT-GEDICHTE DEN WEG ZU DIR, UM ZU ZEIGEN, ES GIBT NUR FREUDE AUF DER WELT, WENN MAN SIE SICH SELBST ERHELLT.

Mal irgendwann wird die **Prinzessin** in mir ihren **Wolkentraum** verwirklichen.

Sie wird ihrem **Augenstern** folgen und ihren **Glücksstern** finden.

So wird sie **Neidlos Lieder brüllen** und im **Gedankengefühl** das **Lebensfrohsinnsgebet** erfüllen.

Nie wieder wird einem **5-Sekunden-Gedicht** etwas im Wege stehen und keine **Party** ohne das Himmelsblau meiner Seele vergehen!

MAL IRGENDWANN

Alles, was ich denken kann,
kann ich auch sein,
mal irgendwann.
So fang ich mal zu denken an,
um so zu sein nicht irgendwann.

Denn irgendwann ist irgendwie
nur ein anderes Wort für nie!

PRINZESSIN

Mein Kopf ist eine Prinzessin,
der Bauch die Königstochter.
So haben die beiden viel zu lästern,
diese beiden eitlen Schwestern.
Doch das Herz beteiligt sich nie,
an der bösen Melodie.
Es ist so ganz voller Gefühl
in diesem eiskalten Gewühl ...
Weiß es doch mit Sicherheit,
für Aschenputtel ist der Prinz nicht weit.

WOLKENTRAUM

Dort, wo Wolken nach Zuckerwatte schmecken.
Und Wünsche sanft das Leben wecken.
Dort ist das Land der Phantasie,
da vergehen Träume nie.

AUGENSTERN

An meinen Augenstern.
Du bist mein Dauerstern.
Mein Abendstern,
der Traumstern,
der mich leitet durch die Nacht.
Der Leitstern,
der für mich im Herzen Feuer macht.
Mein Fixstern,
ein Glücksstern am großen Firmament.
Mein Himmelsstern,
ich hab dich gern, hab oft an dich gedacht.

GLÜCKSSTERN

Weißt du, wo Fortuna ihren Glücksstern hat?
Und wo die Hochgefühle tanzen?
Wo die Wonne ihre Sonne hat
und die Glückseligkeit trägt kleine Pflanzen?
Wo der Segen eigentlich zu Hause ist
und der Glücksfall ihn nie vergisst.
Da, wo sich jeder Ärger stets verpisst
und noch nie jemand hat ein Problem vermisst.
Dort,
dort möchte ich mal tanzen,
in mir, in meinem Ganzen!

NEIDLOS

Neid ist keine seltene Gier,
er nimmt deiner Seele jede Zier.
Bleib lieber bei dir,
so nimmt die Gier des Neides dir
ein NICHTs
und schenkt dafür
dir ein Lebenselixier:
Ein Gegenteil von Gier,
die Freude im HIER!

LIEDER BRÜLLEN

Fröhlichkeit im Blut,
Gedanken rennen,
Freude benennen,
Wunder brennen,
das Herz lacht laut
Purzelbaum schlagend,
keinen Traum mehr vertagend,
sich Wünsche erfüllend
und Lieder laut brüllend!

GEDANKENGEFÜHL

Werden die Gedanken zu meinen Gefühlen
oder die Gefühle zu meinen Gedanken?
Denke oder fühl ich mehr?
Und warum brauch ich es so sehr?
Was wohl denkende Gefühle
fühlend denken,
wenn sie wild mein Leben lenken?

LEBENSFROHSINNSGEBET

Ach, lieber Gott,
mach, dass die Miesepetrigkeit und Krätzwinkelei
mag gehen ganz schnell vorbei.
Vorbei der Katzenjammer
und des Rappelkops-Fracksausen-Geklammer!
Lass den Hokuspokus beben,
hoch den Wackeldackel leben.
In dem Wimmelbild uns suchen und schnurzpiepegal
die Schnapsidee verfluchen von einem arbeitsreichen Tag!
Lass uns schnabulieren den Pustekuchen,
quietschfidel den Ratzefummel suchen, alles ausradieren, was nicht passt!
So wird des Lebens Frohsinn nicht verpasst!

5-SEKUNDEN-GEDICHT

Da rennt es, das 5-Sekunden-Gedicht!
Und spricht:
Lebe froh und lebe heiter,
sei dein Schicksal,
nicht sein Begleiter!

 PARTY

Wenn meiner Seelen Sause
ihr eigenes Vergnügen plant,
dann hat sich die Vernunft mit der Narrenkappe getarnt,
damit keiner niemand warnt,
dieses Fest der Feste zu verpassen,
wo alle meine Geister sind ganz ausgelassen.
Wollen tanzen, lachen, singen
mit allen ihren wilden Sinnen.
Sind sie in ihrem Budenzauber drinnen,
mitten in meinem kleinen Herz,
was vor Freude lustig scherzt.

ERKENNTNISSE DES VIERTEN STREICHS ...

ICH hoffe, Du hast das Kunterbunt des Regenbogens tief in Dir gefunden und alle Sorgen überwunden.

Ein wundervolles Wunderland, wie es nur in Dir entstand.

Gib Dir jeden Tag Zeit, damit die Phantasie lang bei Dir bleibt, zu reisen in Dein Wunderland, wo jeder Wunsch von Dir entstand.

Nun schreib sie auf die Wünsche, damit sie in Erfüllung gehen und nie mehr Traurigkeit kann entstehen.

. . . .

. . . .

. . . .

. . . .

. . . .

. . . .

. . . .

. . . .

. . . .

. . . .

. . . .

. . . .

. . . .

. . . .

. . . .

. . . .

93

SCHLUSSHOFFNUNG

Ich hoffe, dass, wenn Du die Augen schließt,
Dir die herrlichsten Farben
und buntesten Wunder begegnen.
Dass Du weißt, dass man Glück sammeln kann
und niemand Dir ein größeres Leid antut,
als Du Dir selbst.
Alles kann nur so traurig sein,
wie Du es zulässt, also suche die Freude
und suche das Glück
und alles kommt 1000-fach zu Dir zurück.
Gib Deinem Wunschtraum
seine eigne Phantasievorstellung,
und alles Wunschdenken
erwacht zur Wirklichkeit!
Bis bald, da,
wo die Sonne des Freudenglücks immer scheint ...

Wundertütenpoet

Besuche mich auf

WWW.WUNDERTUETENPOET.DE